AF253989

EXPLICATION

DES MYSTERES

DE LA Ste TRINITÉ,

DE

L'INCARNATION,

ET

DE LA GRACE.

EN VERS.

A PARIS,

Chez J-B. CHRISTOPHLE BALLARD,
ruë Frementelle, au petit Corbeil,
prés le Puits-Certain.

M. DCCI.

Avec Approbation & Permission.

EPITRE DE'DICATOIRE

A LA

TRES-SAINTE

TRINITE'.

DIEU saint & incomprehensible qui dans l'unité de vôtre essence êtes une vraye & réelle Trinité de Personnes, Pere, Fils, Saint-Esprit, de qui, par qui, en qui sont toutes choses, & sans qui rien n'a été fait. Cendre, poussiere & pecheur que je suis, je ne laisse pas de m'approcher avec confiance du Thrône de vôtre gloire pour offrir à vôtre Souveraine Majesté cet Ouvrage, dont vous m'avez inspiré le dessein. Vous sçavez, ô Verité substantielle & source de toute lumiere! que sans oser présumer en quelque maniere que ce soit, d'entrer dans les abîmes impenetrables des Mysteres que j'ay traitez, j'ay tâché d'en dire simplement ce que l'Eglise oblige d'en croire. Soumis en tout & inviolablement attaché à ses décisions, j'ay crû, c'est pourquoy j'ay parlé: Benissez donc, ô Seigneur! le fruit des lévres de vôtre Serviteur & du Fils de vôtre Servante. Faites par vôtre mi-

A

sericorde infinie, qu'en expliquant ce qui est de foy, je vive moy-même de foy, & que je la prouve par mes œuvres. Faites qu'en répondant fidellement à vôtre grace, je profite du bienfait de l'Incarnation, & qu'un jour je vous voye toute à découvert & sans voile, ô Trinité sur-adorable, & qui meritez d'être benie à jamais.

APPROBATION.

J'Ay lû, pour Monseigneur le Chancelier, un Ecrit qui a pour titre, *Explication des Mysteres de la Sainte Trinité, de l'Incarnation, & de la Grace, en Vers*; & je n'ay rien trouvé dans ce petit Ouvrage qui soit contraire à la Foy, ny aux bonnes mœurs. En Sorbonne le 15. Février 1071.

C. DE PRECELLES.

VÉu l'Approbation, Permis d'Imprimer, ce 7. Avril 1701.

M. DE VOYER D'ARGENSON.

EXPLICATION
DES MYSTERES
DE LA Ste TRINITE',
DE
L'INCARNATION,
ET
DE LA GRACE.
EN VERS.

Mystere de la Tres-sainte Trinité.

UI veut en la gloire immortelle
Regner pour toûjours dans les Cieux,
Doit croire, & que sa foy soit telle,
Qu'on va l'exposer à ses yeux.

Il faut qu'il l'a professe entiere
De bouche aussi-bien que de cœur,
S'il ne veut d'un feu sans lumiere
Ressentir à jamais l'ardeur.

A ij

Voici donc la Foy Catholique
Touchant la sainte Trinité,
Sans toutefois qu'on en explique
L'incomprehensibilité.

Croy qu'il est un Estre suprême
En trois Personnes un seul Dieu,
Toûjours subsistant par luy-même,
Infini qui n'a point de lieu.

Ne divise point la substance,
Les Personnes ne confonds pas ;
Ne juge point de leur essence
Selon les choses d'icy-bas.

Autre est la Personne du Pere,
Autre est, selon qu'il nous l'apprit,
Celle du Fils dans ce Mystere,
Autre est celle du Saint-Esprit.

Leur existence est sans mesure,
Tous trois de toute éternité
N'ont dans une même nature
Qu'une même Divinité.

Le Fils est tout ce qu'est le Pere,
Et l'Esprit-Saint tout ce qu'ils font,
Dans une plenitude entiere
Il possede tout ce qu'ils ont.

Tous trois ont la toute-puissance,
Et ne font qu'un seul Tout-puissant,
Qu'un seul Dieu, qu'un Seigneur immense
De gloire tout resplendissant.

De même que l'Eglise ordonne
Pour article de Foy certain,
De tenir que chaque Personne
Est vray Dieu, Seigneur Souverain.

Aussi comme la plus notoire
Et plus palpable des erreurs,
Elle deffend à tous de croire
Trois Dieux, trois Souverains Seigneurs.

Le Pere n'a point de principe,
N'est engendré, créé, ni fait,
Le Fils pleinement participe
A tout son être si parfait.

Engendré dans la gloire même,
De le croire fait, ou créé,
C'est des Arriens le blasphême,
Au Deisme un chemin frayé.

L'Esprit-Saint procede sans être
Créé, fait, ni même engendré ;
Et la Foy nous le fait connêtre
Pour le Nœud de l'Amour sacré.

Le Pere & le Fils le produisent
Par l'amour qui leur est commun,
Et tous deux, loin qu'ils se divisent,
Sont, non deux principes, mais un.

De même qu'une vive source
Forme d'elle-même un ruisseau,
Tous deux un lac, fin de leur course,
Tous trois n'étant qu'une même eau.

Le Pere engendre un Fils ſemblable,
En ſe connoiſſant comme il eſt,
Et dans cette Image admirable
Il ſe voit tout & ſe complaiſt.

Par l'amour du Fils & du Pere
Qui n'eſt qu'une même action,
Croy que du Saint-Eſprit s'opere
L'ineffable production.

Par une ſuite neceſſaire
Tous trois ſont reciproquement
L'un dans l'autre, il ne ſe peut faire
Qu'ils éxiſtent ſéparément.

Un tres-pur acte eſt leur ſubſtance,
Toute leur operation,
Tous leurs attributs ſont eſſence
Simple & ſans compoſition.

Le vouloir même & le conneſtre,
La volonté, l'entendement,
Ne ſont en Dieu que le même eſtre
Par nous compris diverſement.

Le terme de la connoiſſance,
De l'amour, comme notions,
Fait la réelle difference
Des diverſes relations.

Si cela, bien qu'inexplicable,
N'avoit point de réalité,
Comment ſeroit-il veritable
Qu'il y eût une Trinité?

Si dans leur nature au contraire
Quelque difference avoit lieu,
Que deviendroit ce haut Myſtere ?
Où feroit l'unité d'un Dieu ?

Au Pere, ſource de l'Eſſence,
Et de toute Paternité,
S'approprie de la Puiſſance
L'attribut & la dignité.

La Sageſſe au Fils s'attribuë,
Et l'Egliſe a pour fondement
Son Emanation en veuë,
Qui ſe fait par l'entendement.

A l'Eſprit-Saint comme le Terme
De la Divine Volonté,
On rapporte tout ce qu'enferme
L'attribut ſaint de la Bonté.

On ne bleſſe par ce langage
En rien leur tres-ſimple unité,
Puiſqu'on n'admet aucun partage
Dans l'adorable Trinité.

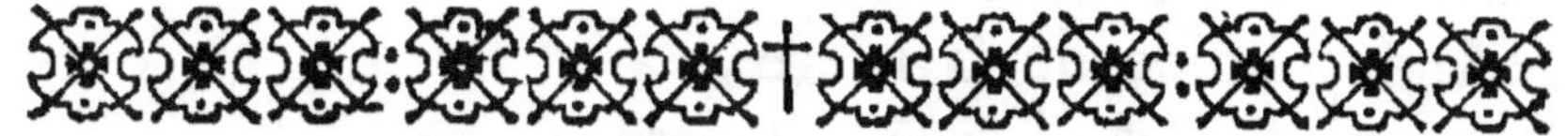

Le Mystere de l'Incarnation.

Apre's l'adorable Mystere
De la tres-sainte Trinité,
Il est une autre verité,
Que d'une foy pure & sincere
Chacun doit croire & soûtenir
Telle que par l'Eglise on la voit définir.

C'est l'Incarnation du Verbe,
Qui le rendant semblable à nous,
L'exposa seul à tous les coups
Que meritoit nôtre superbe;
Qui luy fit subir nôtre sort,
Souffrir & s'immmoler, se livrer à la mort.

Sans oser entrer dans l'abîme
Impenetrable de bonté,
Qui rendit cette Majesté
La caution de nôtre crime;
Sans rechercher ce qu'elle eût fait
Si le Premier mortel eût vécu sans forfait.

S'attachant à ce qu'il faut croire,
On doit tenir en premier lieu,
Que Jesus-Christ est Homme & Dieu,
Dieu, dans les splendeurs de la gloire,
Engendré seul avant le jour,
Homme, Fils d'une Vierge en ce mortel sejour.

De la substance de son Pere
Né selon la Divinité,

Forme

Formé selon l'Humanité
De la subſtance de ſa Mere,
Homme & Dieu, créé, Créateur,
Naiſſant dans l'indigence, & de tout bien l'Auteur.

Son Pere en la Divine Eſſence
Il égale parfaitement ;
Mais il eſt moindre infiniment
Selon ſa ſeconde naiſſance :
Croy pourtant, comme il eſt preſcrit,
Qu'il n'eſt, comme homme & Dieu, qu'un même
    JESUS-CHRIST.

Un, non comme Eutiches raiſonne,
Qui les natures confondoit ;
Mais un, l'entendant comme on doit,
De l'unité de la Perſonne
Qui prend toutes les qualitez
Dont la Nature Humaine a les proprietez.

Non, que l'Eſtre Divin ſe change
Ou ſe mêle à l'Humanité,
Le Verbe dans la verité
La prend, mais ſans aucun mélange,
S'uniſſant tres-intimement,
Tout cet être étranger ſans aucun changement.

Cette union Hypoſtatique,
Se fit toute en un ſeul inſtant,
C'eſt un dogme toûjours conſtant
Qu'enſeigne la Foy Catholique.
Oüi le Verbe dans un moment
Prit l'homme tout entier, non ſucceſſivement.

Du Sang le plus pur de MARIE
De l'Homme-Dieu le Corps formé,

B

Fut au même-temps animé,
Et parfait dans chaque partie,
Et dans ce même inftant précis
L'Ame avecque le Corps furent au Verbe unis.

De forte que fa Chair facrée
Fut de Dieu vraiment & toûjours
La Chair, même pendant les jours
Que fon Ame en fut féparée,
Dans tout ce temps ayant été
Unies toutes deux à la Divinité.

Prenant une Ame raifonnable
Il en prit chaque faculté,
L'entendement, la volonté,
La fienne aux nôtres fut femblable;
Donc deux volontez dis & croy
L'Humaine & la Divine en Jesus nôtre Roy.

Voila le fonds de la Doctrine
Au fujet du Verbe Incarné;
Mais l'efprit humain trop borné
Pour une chofe fi divine,
Eft tombé dans l'aveuglement
Par les fauffes lueurs d'un vain raifonnement.

Comme il n'a d'abord fçu comprendre,
A fa raifon trop arrété,
Qu'une fi haute Majefté
Si bas que l'homme ait pû defcendre,
Sans craindre aucune extrémité,
En diverfes erreurs il s'eft précipité.

L'un n'a pû croire veritable
Qu'au Pere le Fils fut égal;   } *Arrius.*

L'autre par le glaive infernal
D'une doctrine abominable
Que son crédit authorisa,
En deux, avec fureur, l'Enfant-Dieu divisa.

{ *Nestorius.*

En deux personnes cet Impie
Le Verbe & le Christ séparant,
Il a laissé plus d'un garand
De sa détestable manie,
Des gens insensez comme luy
Renouvellans encor son blasphême aujourd'huy.

D'autres jugeans incompatible
Tant de gloire & d'abaissemens,
Dérobent son Corps aux tourmens,
Et disent qu'il fut impassible ;
Que Simon qui porta sa Croix,
Mourut au lieu de luy sur cet infâme bois.

{ *Les Basilidiens.*

Avec les deux Apollinaires
Valentin veut que dans les Cieux
Il ait pris un Corps glorieux
Sans qualitez élementaires ;
Saturnin se rendit l'autheur
Qu'il ne receut qu'un corps fantastique & trompeur.

Les malheureux Ebionites,
Bien moins Chrétiens qu'ils n'étoient Juifs,
De Joseph le tenoient pour Fils
Ainsi que les Elcésaites ;
Tous par ce Mystere ébloüis,
En differents transports s'étans évanoüis.

Comme en cette union tres-sainte
L'Homme ne subsiste qu'en Dieu,
C'est ce qui nous a donné lieu
D'user d'un langage sans crainte,

Lequel étant mal entendu,
Sembleroit dés l'abord avoir tout confondu. ‑

Dieu, disons-nous, a pris naissance,
A versé des pleurs comme nous ;
A souffert la faim & les coups,
Est tombé dans la défaillance,
Fut triste, sua sang & eau,
Mourut sur une Croix, fut mis dans le tombeau.

Dans le sens des Theopaschites
Qui tous ces termes entendroit
Par son erreur il se perdroit
Avec les Antropomorphites,
Le Verbe fait Chair ne souffrit,
Ne pleura, ne mourut que dans l'être qu'il prit.

L'Estre Divin est immuable,
La douleur & le changement
Ne fut qu'en l'Homme seulement,
L'Homme seul en étant capable :
Loin, loin de la Divinité
Tout sentiment de mal & toute infirmité.

Le Verbe dans nôtre nature
Voulut subir au lieu de nous
Tout le poids du juste courroux,
Comme Dieu qu'il eut de l'injure,
Que luy fit l'homme en ce bas lieu
Etant pour l'expier besoin d'un Homme-Dieu.

Parlant ainsi de la Personne
Selon ses rapports differens,
Ce langage est vray dans le sens
Tres orthodoxe qu'on luy donne,
Et nous sert à bien exprimer
Jusques à quel excez Dieu voulut nous aimer.

Myſtere de la Grace.

UN abîme profond attire un autre abîme,
  Paſſons de l'Incarnation
  A la ſaine explication
  D'un Myſtere auſſi tres ſublime,
Et de la vive ſource à l'émanation
Des ſalutaires eaux de la Redemption.

La Grace eſt ce Myſtere auguſte inexplicable,
  C'eſt le fruit du Verbe incarné,
  A nôtre eſprit foible & borné
  Il n'eſt pas moins impenetrable :
Sur des dogmes conſtans tâchons à nous fonder,
Sans vouloir découvrir ce qu'on ne peut fonder.

JESUS eſt mort pour tous, c'eſt la foy de l'Egliſe ;
  Si cela n'étoit pas certain,
  Saint Paul raiſonneroit en vain,
  Il auroit fait une mépriſe,
Quand prouvant les effets du Celeſte courroux,
Il conclud, tous ſont morts, puiſqu'un eſt mort pour
 tous.

Sans cela formerois-je un acte d'eſperance ?
  Pour Dieu quel ſeroit mon retour ?
  De ſes bontez, de ſon amour
  Aurois-je une ferme aſſurance ?
Comment pour luy mon cœur ſeroit-il enflammé ?
Si je pouvois douter qu'il m'eût jamais aimé ?

Mais la Foy par ce doute eſt bien plus offencée,
    Puiſque de-là l'on concluroit
    Que l'Egliſe ſe tromperoit
    Dans le Symbole de Nicée,
Voulant en termes clairs que nous confeſſions tous
Que Jesus a ſouffert, & qu'il eſt mort pour nous.

De ce Dogme de Foy voici ce qu'on en tire,
    Tous ont des moyens de ſalut;
    Chacun a, ceux que Dieu voulut,
    Mais tels qu'il connoît luy ſuffire;
Vrais ſecours du Sauveur pour accomplir la Loy
Que grave dans nos cœurs nôtre Souverain Roy.

L'adulte ſans cela deviendroit excuſable,
    Ne craindroit point le châtiment;
    On ne punit point juſtement
    Quand la faute eſt inévitable:
Sans grace il eſt certain qu'on ne peut l'éviter,
Donc à l'homme ſans grace on ne peut l'imputer.

S'il ſuffit qu'en Adam elle fut évitable,
    Pour nous l'imputer aujourd'huy;
    Nous ne péchons donc plus qu'en luy,
    Aucun en ſoy n'eſt condamnable.
Tout peché dans le fond eſt donc originel,
Et l'on ne le devroit punir que comme tel.

Tout bien pour le ſalut ſans grace eſt impoſſible,
    Sans grace on ne peut commencer,
    Sans grace on ne peut avancer,
    L'ame eſt pour Dieu toute inſenſible;
Et ſans pouvoir en rien faire le moindre effort
L'homme retombe ou reſte en ſon état de mort.

La grace eſt neceſſaire, & non neceſſitante :
    Diſtinguons avec équité
    Cette double neceſſité,
    La mépriſe en eſt importante :
La grace eſt pour tout bien neceſſaire icy-bas,
Mais ſa neceſſité ne neceſſite pas.

L'un & l'autre eſt de foy, l'hypocrite Pelage
    Attaque en renard le premier,
    Et Calvin combat le dernier
    Inſolemment & plein de rage ;
Mais forçant leurs détours, & domptant leur fureur,
L'Egliſe également foudroya leur erreur.

Le flambeau des Docteurs, le S. Prélat d'Hyppone,
    Qui dans ſes differents Ecrits
    Combattit leurs dogmes proſcrits,
    Merite une double couronne :
Dans Fauſte & dans Fœlix Calvin fut renverſé,
Comme avec Julien, Pelage fut percé.

Il a dans mille endroits détruit le faux ſiſtême
    De l'Hereſiarque François,
    Quand de l'hypocrite Ecoſſois
    Il combat exprés le blaſphême :
Qui voudra confronter ſes differents Traitez
Trouvera l'antidote aux Livres empeſtez.

Il eſt vray qu'Auguſtin a dans ſon dernier âge,
    Plein de zele & d'activité,
    Soûtenu l'efficacité
    De la Grace contre Pelage :
Eh ! dequoy donc entr'eux s'agiſſoit-il alors ?
Ce point du differend n'étoit-il pas le corps ?

Pelage la nioit, donnant à la nature
    Ce qu'en la Grace on doit trouver,
    Auguſtin en a dû prouver
    L'efficace par l'Ecriture;
Il l'a fait, j'en conviens, & tres ſolidement,
Et c'eſt ce qu'il avoit à faire expreſſément.

Mais n'a-t'il pas marqué la Grace ſuffiſante
    En cent endroits de ſes Ecrits,
    C'eſt contre les dogmes proſcrits
    Une verité tres-conſtante.
C'eſt en vain qu'on voudroit leur donner un faux
  tour,
Ses Textes ſont formels & plus clairs que le jour.

N'eſt-elle pas un Don de la Bonté Suprême,
    Pour faire éviter le peché;
    Si ſon effet eſt empêché,
    Le défaut n'eſt pas d'elle-même,
Ni du vouloir de Dieu; mais de la volonté
De l'homme qui reſiſte aux traits de ſa bonté.

N'excuſons pas ainſi nôtre extrême malice,
    Et gardons-nous de donner lieu,
    Par là de rejetter ſur Dieu
    Nos crimes & nôtre injuſtice;
Si malgré le peché, ſainte & bonne eſt la Loy
Sans doute que la grace eſt plus parfaite en ſoy.

La grace donc qu'eut l'homme en l'état d'innocence,
    Et l'Ange Prévaricateur
    Eſt ſelon vous digne d'horreur,
    N'ayant ſervi que pour l'offence,
Elle fut differente, on en tombe d'accord,
Mais le manque d'effet rend juſte le rapport.

                      Et

Et certes s'il n'eſt point de grace ſuffiſante,
    Lorſque je n'ay point accompli
    Le Précepte, & n'ay point rempli
    Mon devoir en choſe importante,
Qu'ay-je fait en cela qui merite la mort?
Eſt-ce-là le ſujet d'un ſi malheureux-ſort?

Quoy! puis-je être obligé de faire l'impoſſible?
    Or ſans grace je ne puis rien;
    Si donc je n'ay pas fait le bien,
    Mon malheur étoit invincible,
Mon ſort inévitable, & comment y pourvoir?
Je n'ay point eu de grace, ainſi point de pouvoir.

Le défaut de pouvoir s'oppoſe à la malice;
    Puiſqu'on n'a jamais reconnu
    Qu'à l'impoſſible on ſoit tenu
    En rigueur même de juſtice
Peut-on punir un ſourd de ce qu'il n'entend pas?
Ou de ne point ramer quelque Forçat ſans bras?

L'homme peut, s'il le veut, vous répond un Sectaire,
    Qui croit par ſa ſubtilité
    Sur la dure neceſſité
    De pecher, ſe tirer d'affaire:
Mais il faut le preſſer de nous faire ſçavoir,
Si de vouloir ainſi cet homme a le pouvoir.

S'il convient qu'il lui manque, il faudra qu'il avoüé,
    Qu'on peut, ſans qu'on ait le pouvoir:
    Eſt-ce ainſi que le faux ſçavoir
    De la raiſon même ſe jouë;
Mais de tout Novateur c'eſt l'art ingenieux
De ſe faire un rideau d'un mot myſterieux.

C

Le vouloir effectif étant donc impoſſible,
    Tout pouvoir à l'homme eſt ôté,
    En cet état il eſt jetté
    Dans une impuiſſance invincible;
S'il peut, c'eſt comme Paul dans le Celeſte lieu
Pourroit, s'il le vouloit, haïr, blaſphêmer Dieu.

Un homme ſous le joug de la concupiſcence
    N'eſt pas par cet amour fatal
    Moins neceſſité pour le mal,
    Selon que l'Heretique penſe,
Que l'eſt pour aimer Dieu d'un pur & ſaint amour
L'Ange ou le Bien-heureux dans l'éternel ſejour.

Son cœur eſt donc captif tant que cet état dure,
    Il ne ſçauroit vouloir le bien,
    S'il le peut c'eſt par le moyen
    D'une autre volonté future :
Mais cela n'eſt qu'un leurre, & c'eſt rentrer toûjours
Dans les mêmes erreurs par differents détours.

Ceux qui dans leurs Ecrits veulent ainſi répondre,
    N'uſent que de déguiſement;
    Mais s'ils s'échappent autrement,
    On doit les ſuivre & les confondre.
Il peut vouloir, eh bien ! il faut leur demander
D'où luy vient ce pouvoir qu'ils ſemblent accorder.

Le tient-il de la grace, ou bien de la nature ?
    Si c'eſt de la grace, eh comment ?
    Il n'en a point dans ce moment,
    C'eſt leur doctrine toute pure :
Point d'effet, point de Grace, ou c'eſt jetter à bas
Tout le plan d'Auguſtin dans ſes derniers combats.

Si c’eſt de la nature, ô changement étrange !
    C’eſt ſe ſauver, on le voit bien,
    Dans le dogme Pelagien
    Du bourbier rentrer dans la fange ;
C’eſt éviter Charibde & tomber en Scylla :
Il faut pourtant ſe rendre, ou bien en venir là.

S’ils deſirent enfin chercher une autre fuite,
    On doit les ſuivre pas à pas,
    Et ne ſe précipiter pas
    Dans la chaleur de la pourſuite.
Il le peut (diront-ils) non, d’un pouvoir prochain ;
Mais ce nouveau détour n’eſt qu’un Sophiſme vain.

Ce pouvoir ſelon eux ne ſçauroit luy ſuffire ;
    Il n’eſt donc pas un vray pouvoir ;
    Mais encore faut-il ſçavoir
    Par-là ce qu’ils entendent dire :
En quoy conſiſte donc ce pouvoir prétendu ?
Voile qui couvre mal leur dogme deffendu.

C’eſt d’un plus fort amour que l’ame eſt ſuſceptible,
    Qu’elle eſt capable en ſa langueur
    D’un nouveau degré de vigueur
    Qui la rendra même invincible,
C’eſt qu’un feu plus ardent venant à l’embraſer,
Elle ſçaura tout faire & pourra tout oſer.

Mais ce feu qui n’eſt pas, & peut ne jamais être,
    Donne-t’il à la volonté
    Pour le bien quelque liberté,
    Sent-elle ſa force renaître ?
Comment ce qui n’eſt pas ſur elle agiroit-il ?
Il faut pour le comprendre un eſprit bien ſubtil.

Si le bien donc alors n'eſt pas moins impoſſible;
    Tout ce fantôme de pouvoir
    N'eſt qu'un jeu pour nous décevoir,
    Qui n'a rien même de plauſible :
Mais l'erreur que l'on pouſſe à quelque extrémité
Fait fléche de tout bois contre la verité.

L'on fait montre aujourd'huy de la Grace efficace,
    On la proclame avec grand bruit ;
    Mais la queſtion ſe réduit
    A diſtinguer ſous quelle face :
On marche d'un pas droit, ou l'on fait des écarts
Selon que l'on s'attache à ſes divers regards.

La force de la Grace eſt toute d'elle-même,
    Elle ne reçoit rien en ſoy
    De l'homme, & c'eſt un point de Foy ;
    Dire autrement c'eſt un blaſphême.
Ce feu renferme en ſoy la vertu d'enflammer,
Nous le pouvons éteindre & non pas l'allumer.

C'eſt ſelon Saint Proſper un remede infaillible
    Qui guerit dés qu'on le reçoit,
    Ce breuvage dés qu'on le boit
    Nous donne une force invincible :
Ce remede étant pris l'effet ne peut manquer,
Sans qu'on puiſſe en cela luy rien communiquer.

Mais eſt-ce Motion Morale, ou bien Phyſique ?
    Le differend n'eſt point vuidé,
    L'Egliſe n'a point décidé,
Et l'un & l'autre eſt Catholique :
Ainſi chacun peut ſuivre en ne s'écartant pas,
La route qui lui plaiſt ſans faire de faux pas.

Si quelqu'un prétendoit que la Grace efficace
    Fût la feule & néceffitaft,
    Qui trouver ? qui ne déteftaft
    Une fi facrilege audace ?
Dautant que ce faux dogme eft rempli de venin,
Et manifeftement le dogme de Calvin.

Dés que l'on fuit de prés le Sectaire à la pifte,
    Comme il eft fçavant à rufer,
    Il fe cache pour amufer
    Et fe traverftit en Thomifte;
Mais ce déguifement ne fçauroit le fauver,
Sans s'arréter au mafque il faut le luy lever.

Tout vray Thomifte croit la Grace fuffifante
    Qui donne, non un pouvoir vain,
    Mais entier, dégagé, prochain
    Dans la tentation preffante,
Pour faire le Précepte au temps de le remplir,
Ou difpofer au don qui le fait accomplir.

Selon eux cette Grace eft grace tres réelle
    De nôtre Divin Redempteur,
    Dans leur Ecole tout Auteur
    La confidere comme telle;
Moindre que l'efficace elle fert en fon lieu
Pour l'obtenir de fait & juftifier Dieu.

Saint Thomas a prouvé que ce qui néceffite
    Sans contraindre la volonté
    Eft contraire à la liberté
    Et détruit en nous tout merite;
Et difant anathême à tout dogme oppofé
A de l'Hydre à cinq chefs le troifiéme écrafé.

Tout Prédéterminant admet l'indifference;
    Chacun d'entr'eux l'a reconnu,
    Et du Libre-Arbitre a tenu
    Qu'en cela confiste l'effence;
Malgré la motion (quant à l'acte premier)
Luy laiffant un pouvoir libre, parfait, entier.

Mais, qui fuis-je ? eft-ce à moy de prendre la def-
fence
    De ces grands & profonds Docteurs,
    Puis qu'entr'eux & les Novateurs
    Ils ont fait voir la difference
Et qu'un feul point fuffit dés-lors qu'il eft de foy
Pour difcerner le bon d'avec le faux aloy.

S'il eft, ou s'il n'eft point de fcience moyenne,
    De Decrets prédéterminans;
    Chaque fiftême a fes tenans
    Dans le fein de la paix chrétienne.
Sans s'accufer d'erreur & par-là s'oublier,
Ils peuvent fe combattre, & non fe décrier.

Par l'ordre & fous les yeux de deux Chefs de l'Eglife
    Ils s'exercerent dans le cours
    De la difpute des fecours,
    Mais la caufe refte indécife;
Aprés un tres long-temps le débat a fini,
Sans que d'aucun des deux le dogme fût terni.

Ne confond pas le libre avec le volontaire,
    On ne peut faire librement
    Ce qu'on fait néceffairement,
    L'un à l'autre eft ici contraire;
Mais pour le volontaire il n'en eft pas ainfi,
Il peut être, & fouvent eft néceffaire auffi.

Gardes-toy bien encor d'aller prendre le change
    Sur trois sortes de libertez,
    Confondant leurs immunitez
    Par un fort indiscret mélange :
Discernes sagement ce qui sépare ou, joint
La Nature, la Grace, & la Gloire en ce point.

La Gloire de tout mal & pour toûjours exemte,
    La Grace des fers du peché
    Rend l'Homme libre & détaché,
    La Nature est moins excellente,
Sa liberté consiste en cette immunité
Qui bannit la contrainte & la necessité.

Aussi fait-on souvent une faute notoire
    En parlant sans distinction
    De la Prédestination
    A la Grace comme à la Gloire ;
Souvent dans Augustin, ce Pere si profond,
L'habile & l'ignorant les mêle & les confond.

L'ignorant est trompé, l'habile veut séduire,
    L'un prend le change aveuglement,
    Et l'autre à ses fins sourdement
    Par-là tend & tâche à conduire,
D'un dogme que l'on sçait indifferent en foy
Sans raison voulant faire un article de foy.

La premiere se fait, il est indubitable,
    Avant les merites prévûs,
    De la seconde on doit de plus
    Porter un jugement semblable
Quand sous la même idée, & les réunissant
L'une & l'autre on renferme en la définissant.

Mais si devant le choix qui se fait à la Gloire,
    Il n'est point de prévision
    Parlant avec précision
    Le pour & le contre on peut croire:
Pour l'un & l'autre il est de sçavans Deffenseurs,
Evitons sur ce point de trop rudes Censeurs.

Pourquoy, me direz-vous, de choses si sublimes
    Entreprenez-vous de parler?
    Croyez-vous ne point ravaler
    Ce haut Mystere par vos rimes?
Quoy! Paul, le divin Paul, s'écrie, ô profondeur!
Et vous voulez ce semble en tracer la grandeur.

Je l'ay marqué d'abord dans le fonds du Mystere
    Je n'eus jamais dessein d'entrer,
    On ne sçauroit le penetrer,
    J'en fais encor l'aveu sincere;
Mais l'erreur se cachant sous ces dogmes profonds,
On l'y cherche, on l'y suit, sans en sonder le fonds.

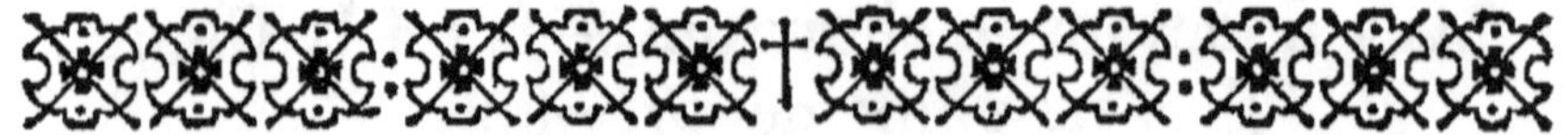

Offrande à Jesus-Chrift.

JE vous confacre cét Ouvrage,
  O Jesus Redempteur de tous!
Il n'eft entrepris que pour Vous,
Daignez-en recevoir l'hommage.
Par les traits des Petits que vous armez de Foy,
Seigneur, percez les cœurs des ennemis du Roy;
Rendez, rendez confus ces Maîtres du menfonge:
Qu'ils ayent honte enfin de fe voir infeſtez;
Reconnoiffans les maux où leur erreur les plonge;
Et l'amour du Sauveur qui les a rachetez.

Je foumets cet Ecrit à l'Eglife Romaine,
  Mere & Maîtreffe de ma foy,
  Ses décifions font ma loy,
  Ses Jugemens font ma regle certaine;
Qui s'en écarte en vain prétend courir;
  Toute ma gloire eft de la fuivre,
  C'eft dans fon fein que je veux vivre,
  Dans fon fein que je veux mourir.

              I N.